www.ingramcontent.com/pod-product-compliance
Lightning Source LLC
Chambersburg PA
CBHW072056280526
45788CB00006B/2307
* 9 7 8 1 0 9 1 7 6 8 5 0 5 *